Ulrich Peters

Das Märchen vom allerschönsten Weihnachtsstern

Mit Illustrationen von
Barbara Trapp

Die Nacht war klar, wie wenige zuvor. Aber die eisige Kälte kroch ihm unbarmherzig den Rücken empor. Auch wenn es mühsam sein würde, der Alte musste einmal mehr nach den Schafen sehen, die sich immer noch nicht beruhigt hatten. Es ging nicht mehr so gut und unbeschwert wie früher. Seine Knochen knirschten und sein rechtes Knie schmerzte bei jedem Schritt. An schnelles Laufen war gar nicht mehr zu denken. Also hinkte der Hirte ein wenig wackelig auf eine provisorische Krücke gestützt, die er aus seinem alten Hirtenstab geschnitzt hatte, zu den Tieren herüber. Trotz der bitteren Kälte schwitzte er vor Anstrengung und Schmerz. Wenigstens hatten sie ihm diesen kleinen Kerl zurückgelassen, der als Findelkind zu ihnen gekommen war und sich nun als Hirtenjunge verdingte. Und dann war da noch der steinalte Hütehund, dessen Augenlicht langsam erlosch. Der Alte musste lachen, um nicht zu weinen. Ein hinkender Hirte, ein halbblinder Hund, ein Waisenkind und eine verstörte Herde. Wer wusste schon, was ihnen in dieser merkwürdigen Nacht noch alles widerfahren würde. Wachsamkeit und Vorsicht waren geboten. Eigentlich hätten die Besten von ihnen bei der Herde zurückbleiben müssen. Denn wenn er ehrlich war, konnten die Schafe von ihnen dreien keinen wirklichen Schutz erwarten. Wenn es ernst würde, wäre die Herde gefährdet, um nur das Mindeste zu sagen. Das hatten die anderen nicht bedacht, als sie in ihrer Begeisterung Hals über Kopf aufbrachen, um zu sehen, was ihnen berichtet worden war. Aber auch das war nun nicht mehr zu ändern. Also tat der Alte, was er konnte und mühte sich trotz seiner nachlassenden Kräfte. Er rief den Hirtenjungen und den Hund zu sich, und gemeinsam versuchten sie, die nervösen Tiere zu sammeln und zusammen zu halten.

Langsam war die Herde darüber wieder ruhiger geworden, und allmählich kehrte der Frieden der Nacht auf die Felder vor der kleinen Stadt zurück. Gegen die Kälte kauerten sich die drei an der Feuerstelle zusammen, in der nur noch eine schwache Glut glomm. Der Alte hielt den Jungen warm im Arm, und der Hund lag zu ihren Füßen. Keiner sagte ein Wort, aber auf ihren Gesichtern konnte man lesen, wie sehr sie die Ereignisse dieser Nacht berührt und bewegt hatten. „Waren das wirklich Engel?“, durchbrach schließlich der Hirtenjunge das Schweigen. „Hm“, brummte der Alte, und es war nicht zu erkennen, ob sein Brummen Zustimmung oder Zweifel ausdrücken sollte. Wieder fielen sie in Schweigen, ehe der Alte anhob und mit seinem Blick zum nachtschwarzen Himmel deutete: „Ungezählte Male schon habe ich in solch einer kalten Nacht bei den Schafen gewacht, allein mit den Tieren und den Sternen. Ja, die Sterne.“ Er hielt kurz inne, als dachte er nach. Dann fuhr er fort: „Mitten in der Finsternis sind sie wie kleine Fenster, durch die das geheimnisvolle Licht des Himmels scheint. Wenn du lange genug zu den Sternen hinaufsiehst, klärt ihr Leuchten den Blick. Versuch es selbst einmal!“

Versonnen und vorsichtig richtete der Hirtenjunge seine Augen zum Himmel, und nach einer Weile schien es dem Alten, als spiegelten sich die Sterne des Himmels in den Augen des Kindes wider. „Manchmal, in sehr seltenen und schönen Augenblicken", fuhr er fort, „wird einem nicht nur der Blick klar. Es klären sich auch die eigenen Gedanken. Dann fällt das Licht der Sterne durch die Augen geradewegs in dein Herz. Meine Mutter nannte das Sternstunden. Das hat mir sehr gefallen und ich glaube, es stimmt. Denn dann wird einem etwas klar, das man zuvor nicht begreifen konnte, so sehr man sich auch angestrengt hat. Es geht einem ein Licht auf. Es leuchtet einem plötzlich etwas ein."

Still blickten die beiden vor sich hin und erinnerten sich, wie zur Mitte der Nacht die Sterne zunächst zu flirren und flimmern begonnen hatten. Plötzlich durchbrach dann dieses ganz unvergleichliche Licht die Nacht – heller als abertausend Sterne und wärmer als alle Sonnen. Dann war da diese Stimme, die ihnen davon berichtet hatte, dass in dieser Nacht etwas besonderes geschehen werde. Alles werde endlich gut. Die ältesten Hoffnungen der Menschen erfüllten sich: Gott selbst komme zur Welt. Aber nicht als König mit großem Gefolge, sondern unerwartet und beinahe unbemerkt als kleines Kind in einem Stall. Er werde Mensch, damit die Menschen menschlicher und die Welt erfüllt werde von seiner Gegenwart. Der Hirte überlegte: Wer es nicht wusste, würde Gott glatt übersehen können, so unscheinbar, so gewöhnlich und unerkannt kam er daher. „Nein, ich habe schon nicht mehr daran geglaubt", sagte der Alte in die Stille hinein und zog den Kleinen noch etwas fester an sich. „So wie es in unserer Welt zugeht, war ich der festen Überzeugung, Gott habe uns längst vergessen und unserem traurigen Schicksal überlassen. Aber jetzt. Vielleicht haben wir gerade eine Sternstunde erlebt? Nur unendlich viel größer. Für einen einzigen wunderbaren Moment war es, als ob alle Himmelslichter zu einem starken Strom von Licht und Leben und Liebe zusammenflossen. Etwas davon ist noch zurückgeblieben." Bei diesen Worten wies er mit seiner Krücke auf einen Stern, der nicht weit von ihrer Weide am Himmel stand und so lebendig funkelte, dass es ihnen schien, als bewege er sich und als würden aus seinem schimmernden Schweif fortwährend neue Sterne geboren. Und wenn man genau hinsah, erkannte man, dass dabei feinster Sternenstaub leise zur Erde und auf den Stall nieder rieselte.

Nur wenig später schlief das Kind in den Armen des Alten ein. Sorgsam breitete der Hirte eine schon etwas abgewetzte alte Felldecke über den Jungen und umfasste ihn fest, so, als wolle er ihn vor der Nacht schützen. Dann verfiel er wieder ins Nachdenken: „Wir haben das Licht der Sterne nur um den Preis des Dunkels. Je tiefer und schwärzer die Nacht, desto heller und klarer ist ihr Leuchten. Vielleicht dürfen wir das Dunkel einfach nicht fürchten und an der Finsternis nicht verzweifeln. Wenn wir die Sterne leuchten sehen wollen, müssen wir wohl bereit sein, die Nächte in Kauf zu nehmen. Mir scheint, gerade dies ist das Geheimnis ihres Glanzes." Die vielen Eindrücke dieser Nacht erschöpften den Alten und er schlief ein.

So fanden ihn die anderen Hirten, als sie zu ihrem Lagerplatz zurückkehrten: Versonnen schlummernd und schutzlos mit der Herde den Schatten der Nacht ausgeliefert.

Aber die Hirten konnten dem Alten nicht böse sein, zu sehr bewegte sie das Bild, wie der alte Mann, das Kind und der Hund zusammengekauert am verloschenen Feuer hockten. Irgendwie erinnerte es sie an die junge Familie, die sich unweit von hier einen Stall mit einem Ochsen und einem Esel teilte und von der die Engel gesagt hatten, mit ihnen komme der Himmel auf die Erde. Also fachten sie das Feuer neu an und sahen nach den Tieren. Schlafen aber mochten die Hirten nicht – zu stark und zu aufregend waren die Eindrücke dieser Nacht. Wie um es festzuhalten und damit es auf gar keinen Fall verloren gehe, erzählten sie einander wieder und wieder, was sie alles erlebt hatten. Es dauerte nicht lange, bis zuerst der Alte von ihren Reden erwachte, dann schlug der Junge die Augen auf, und bald schien ihnen selbst der Hund mit verschleiertem altersschwachen Blick, aber gespitzten Ohren aufmerksam zu lauschen. Staunend vernahmen die drei, was die anderen erzählten,

während ihr Blick immer wieder zu dem großen Sternenbild am Horizont schweifte.

Er wusste, dass es mühsam werden würde. Aber nachdem er alles mit angehört hatte, konnte der Alte nicht mehr an sich halten. Er wollte das Wunder mit eigenen Augen sehen. „Aber wie willst du den Weg denn schaffen?“ Die Hirten sahen einander skeptisch an. „Ich gehe mit und helfe ihm“, zerstreute der Hirtenjunge ihre berechtigten Sorgen.

Während sich der Alte also aufrappelte, nahm der Junge einen brennenden Holzscheit als Fackel aus dem Feuer und so zogen sie in die Nacht – ein hinkender Hirte, der sich auf seine wackelige Krücke und ein kleines Kind stützte. Kaum aber, dass sie die ersten Schritte gemacht hatten, rührte sich auch der alte Hütehund und folgte ihnen in die Finsternis.

Die Nacht war schon vorgedrungen, als sie nach einiger Anstrengung endlich in die Nähe des Stalls gelangten. Sie hielten kurz inne, um noch einmal frische Kraft für das letzte Stück des Wegs zu sammeln. Der Alte bückte sich nach dem Hund und gab ihm mit der flachen Hand einen anerkennenden Klapps auf die Flanke: „Soll keiner sagen, wir Alten seien für nichts mehr gut.“ Inzwischen war das Licht der Sterne nämlich von dicken Wolken verschluckt worden. Ein Sturm zog auf. Der Hund aber hatte den Weg gefunden. Zwar ließ sein Augenlicht nach, auf seine Witterung indes war offenbar Verlass. Es schien gerade so, als ob er einem inneren Leitstern folgen würde. Der Weg war nicht wirklich weit gewesen. Aber der Alte wusste genau, dass er ihn alleine kaum geschafft hätte. Zusammen mit dem Hirtenjungen und dem Hütehund aber war es gut gegangen. Dankbar lächelte er auch den Hirtenjungen an, der seinen Blick mit strahlenden Augen erwiderte. „Wie wir uns doch brauchen", seufzte der Alte, „die sonst keiner brauchen kann."

Plötzlich sahen sie einen Mann mit einer schwachen Laterne vom Stall her auf sich zueilen, der in heller Aufregung war. Es war der Vater der jungen Familie. „Gut, dass doch noch jemand kommt. Ihr seid späte Gäste, aber nie waren mir späte Gäste willkommener. Wir hatten so viele Besucher in dieser Nacht, auch solche, die wertvolle Geschenke brachten. Aber jetzt, wo wir so dringend Hilfe brauchen, ist niemand mehr da, und die Geschenke helfen uns leider auch nicht weiter. Kommt und seht selber." Mit diesen Worten führte er die drei zum Stall. Als sie eintraten, beugte sich die junge Mutter gerade mit sorgenvollem Blick über das Kind in der Krippe und nahm es auf. Ihm sei ein weiterer Engel erschienen, erklärt der junge Vater. Er habe berichtet, dass der König dieses Landes das Kind ums Leben bringen lassen wolle. Der Engel habe ihm darum aufgetragen, mit seiner Familie über die Grenze zu fliehen. Aber das sei ja gerade das Problem. Er kenne sich hier nicht genügend aus, und wie solle er mitten in der Nacht in dieser fremden Gegend, im Sturm zumal, den Weg über die Grenze finden, um seine Familie in Sicherheit zu bringen?

„Beruhigt euch, guter Mann“, antwortete der Alte dem Vater. „Solange ich denken kann, bin ich mit meinen Tieren durch diese Gegend gezogen. Natürlich kenne ich den Weg zur Grenze, sogar Wege abseits der großen Straßen, auf denen ihr vor Nachstellungen einigermaßen sicher sein müsstet.“ Die Erleichterung im Stall war mit Händen zu greifen. Die Mutter, in deren Armen das Kind selig schlief, lächelte ihn dankbar an, und der junge Vater lachte und weinte zugleich: „Ich habe es gewusst, euch schickt der Himmel. Von Weitem schon erschien eure Fackel wie ein Stern, mit dem Hilfe naht.“

Der Alte dachte nach. Der Weg zur Grenze war zwar nicht weit. Aber der sicherste Pfad würde durch unwegsames Gelände führen. Die junge Familie müsste begleitet werden. Wenn er selbst sie führte, würde es indes zu lange gehen und die Familie nicht schnell genug vorankommen. Wie er so nachdachte, fiel sein Blick auf den Hirtenjungen. Der stand direkt an der Krippe und betrachtete still und staunend das Kind im Arm der Mutter. Gedankenverloren nestelte er dabei mit seinen Fingern im Stroh. Das Bild rührte den Alten: Das Findelkind beim Krippenkind – kleine Brüder in einer unwirtlichen Welt, die keinen Platz für sie zu haben schien. Da gewahrte er auch den alten Hütehund, der sich zu Füßen der jungen Mutter und des Kindes an die Krippe gekauert hatte. Natürlich, das war's. „Der Hund kann euch helfen“, bot er darum dem jungen Vater an. „Er ist zwar schon steinalt und sieht nicht mehr gut. Dafür aber ist er erfahren und augenscheinlich noch sehr findig. Er wird euch sicher über die Grenze begleiten." „Und ich komme auch mit", schloss sich spontan der Hirtenjunge an. „Gewiss kennt der Hund den Weg. Aber meine jungen Augen sind klarer und hellsichtiger als seine, wenn dann doch einmal Gefahr droht."

So zog die junge Familie in die Nacht hinaus. Der alte Hirte aber blieb wartend beim Stall zurück. Er wollte sich noch einen Moment ausruhen, ehe er den Rückweg anzutreten versuchte, und blickte ihnen nach: Die Mutter mit dem Kind auf dem Esel reitend, der im Stall gestanden hatte und den nun ihr Mann führte – ihnen voran aber eilten mit der alten Laterne ein Hirtenjunge und ein Hütehund. Der Alte musste an die Worte des jungen Vaters denken. Je weiter sie sich entfernten, desto mehr glichen der Junge und der Hund einem kleinen schwebenden Stern, der der flüchtenden Familie den Weg durch die Nacht wies. Gewiss, das Ganze war gefährlich. Aber eigentümlicherweise sorgte sich der Alte nicht und vertraute fest darauf, dass alles gut gehen werde.

Kaum aber war das Leuchten ihrer Laterne in der Ferne verschwunden, bemerkte der Alte aus der Richtung der kleinen Stadt das Licht bedrohlich lodernder Fackeln, die rasch näher kamen. Je näher sie aber kamen, desto deutlicher vernahm er auch das Klirren von Lanzen, Schwertern und Schildern – die Soldaten des Königs. Aus der kleinen Stadt meinte er nun auch vereinzelt verzweifelte Schreie zu hören. Jetzt wurde dem Alten doch bange ums Herz. Aber es war schon zu spät, eine Flucht völlig ausgeschlossen.

Die Soldaten umringten ihn. An ihren Schwertern klebte frisches Blut. Sie suchten ein Kind, das in dieser Nacht zur Welt gekommen sei. In der Stadt hätten sie erfahren, dass in dieser Nacht eine junge Familie in einem Stall auf den Hirtenfeldern übernachten würde. Die Frau sei hoch schwanger. Sehr verdächtig sei das alles. Der Alte rang abwechselnd nach Luft und um die richtigen Worte. In letzter Sekunde aber ging ihm ein Licht auf. Ihm fiel eine List ein und plötzlich, er wusste auch nicht wie, fühlte er sich ganz sicher: „Das muss ein anderer Stall sein“, entgegnete er. „Wie ihr seht, kann ich mich schlecht fortbewegen. Ich war die ganze Nacht hier.“ Er deutete mit der freien Hand auf seine Krücke und dann auf den alten Ochsen, der hinten im Stall stand. „Auf meine alten Tage darf ich noch das Vieh der Wirtsleute aus der Stadt hüten und verbringe so meinen Lebensabend. Eine junge Familie, sagt ihr? Nein, hier sind sie nicht.“ Dann hielt er kurz inne, als ob er nachdenke. „Aber es gibt noch einen anderen Stall auf den Feldern auf der gegenüberliegenden Seite der Stadt.“ Und mit diesen Worten schickte er die Soldaten geradewegs in die Gegenrichtung des Wegs, auf dem die junge Familie flüchtete. Tatsächlich würden die Soldaten dort irgendwann auch auf einen Stall treffen. Aber dann hätte die flüchtende Familie soviel Vorsprung gewonnen, dass sie jenseits der Grenze in Sicherheit sein würde. „Was für eine merkwürdige Nacht“, dachte der Alte, als sich der Feuerschein ihrer Fackeln in der Ferne verlor, „in der die Sterne ihre gewohnten Bahnen verlassen, jene, die zu

spät kommen, gerade recht am Ort sind und Kinder und Alte den Himmel schon in Sicherheit bringen müssen, kaum dass er zur Welt gekommen ist.“

Mit diesem Gedanken brach er auf und wanderte langsam, sein schmerzendes Bein nachziehend, zum Lager der Hirten zurück. Aber der Rückweg fiel ihm leichter, als er erwartet hatte. Die Ereignisse dieser Nacht hatten ihn auf eigentümliche Weise gestärkt, obwohl sie soviel Kraft von ihm verlangten. Beim Lager eingetroffen, fand er die anderen Hirten immer noch am Feuer in lebhafte Gespräche vertieft. Später, zu vorgerückter Stunde kehrten auch der Junge und der Hund mit dem Esel ins Lager zurück. Gemeinsam hockten sich die drei zu den anderen ans Feuer und erzählten, was ihnen in dieser Nacht widerfahren war. Ihre Geschichte war soviel dunkler und düsterer als die lichte und festliche Stunde nach der Geburt, von der die anderen berichtet hatten. Und doch hing offenbar beides miteinander zusammen, nur wie?
Betroffenes Schweigen legte sich über die Runde, ehe sie auf den Hirtenjungen aufmerksam wurden. Versunken nestelte der an einigen Strohhalmen herum.

Als der kleine Kerl bemerkte, dass ihn alle neugierig ansahen, hielt er inne. „Ich habe mir die Halme zur Erinnerung aus dem Stall mitgenommen“, sagte er wie zur Entschuldigung. „ Sie stammen aus der Krippe, in der das Kind lag.“ Dann zeigte er ihnen, was er aus dem Stroh gemacht hatte. In seinen von den Anstrengungen

der Nacht schmutzig gewordenen Kinderhänden lag ein Stern, der etwas schief aus schlichtem Stroh geflochten war.
„Ich habe in dieser Nacht viele Sterne gesehen", sagte da der Alte und seine müden Augen strahlten, als seien sie selber Sterne. „Dieser aber ist der Allerschönste. Er ist so echt, so wahr." Wenig später ergänzte er noch: „Ja, es sind die Sterne." „Was sind die Sterne?" Die Hirten sahen ihn fragend an.
„Es sind die Sterne, die uns als Zeichen gegeben sind, damit uns ein Licht aufgeht. Ich glaube, in ihnen ist das eine mit dem anderen verbunden. Ab heute gibt es nicht mehr oben und unten, das Licht des Himmels und die Dunkelheit dieser Welt. Seit heute gehören beide untrennbar zusammen." Dann schwieg er wieder eine Weile. „Es wird soviel leeres Stroh gedroschen. Es werden so viele schöne Worte gemacht, wie alles besser werden kann, und darüber kommt unbemerkt der Himmel auf die Erde. Wo fängt der Himmel an? Auf Stroh, ausgerechnet auf Stroh!" Der Alte lachte auf. „Es fängt mit dem Himmel so gewöhnlich an, so alltäglich. Wir müssen ihn suchen, wo wir ihn am wenigsten erwarten: in unseren Dunkelheiten, in unserer Nacht und unsrer Not. Da fängt der Himmel an – unscheinbar, klein, alltäglich, aber wirklich."

Im Licht des Feuers aber und all dessen, was sie in dieser Nacht erlebt hatten, glänzte der Stern in den dreckigen kleinen Händen des Hirtenjungen golden und geheimnisvoll und intensiv. Er funkelte, als ob sich das Licht des großen Sternenbilds am Himmel über dem Stall in ihm spiegele und so, als hafte etwas von dem Sternenstaub an ihm, der immer aus dem Schweif des großen Gestirns zur Erde schwebte. Dann schien es ihnen, als sei dieser Stern gar nicht aus schlichtem Stroh, sondern aus einem anderen, sehr wertvollen und wundersamen Material gemacht – so leicht und licht und lebendig war er plötzlich. Aber wie immer sich das genau verhält, aus der Mitte jener Nacht strahlt er durch die Jahrhunderte geradewegs in die Herzen der Menschen als der allerschönste aller Weihnachtssterne.

Seit diesen Tagen bergen Weihnachtssterne einen ganz besonders geheimnisvollen Glanz. Sie erinnern uns daran, dass wir das Dunkel nicht fürchten und an der Finsternis nicht verzweifeln müssen. Und wenn uns bei Nacht ihr Licht streift, wissen wir, dass unser Leben unter einem guten Stern steht, der alles andere in den Schatten stellt.

Welch ein Zauber liegt im Licht der Weihnachtssterne! Strahlend und funkelnd lassen sie die dunkelsten Nächte des Jahres leuchten. Sie bergen einen geheimnisvollen Glanz, der unsere Herzen wie ein Gruß des Himmels an kalten Wintertagen wärmt. Und darin gleichen sie einem ganz besonderen Stern, von dem diese Geschichte erzählt.

ESCHBACH
www.verlag-am-eschbach.de
ISBN 978-3-86917-588-1
9 783869 175881